PRISE D'HABIT

DE MADEMOISELLE

ÉLISABETH DE LA GARDE

AU COUVENT

DES FIDÈLES COMPAGNES DE JÉSUS

A PARIS

Le 23 mai de l'année 1887

ANGERS

IMPRIMERIE P. LACHÈSE ET DOLBEAU

4, rue Chaussée Saint-Pierre, 4

1887

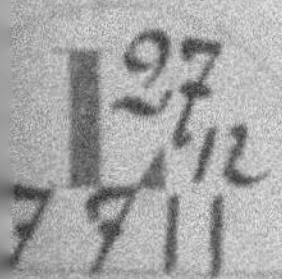

PRISE D'HABIT

DE MADEMOISELLE

ÉLISABETH DE LA GARDE

AU COUVENT

DES FIDÈLES COMPAGNES DE JÉSUS

A PARIS

Le 23 mai de l'année 1887

ANGERS

IMPRIMERIE P. LACHÈSE ET DOLBEAU

4, rue Chaussée Saint-Pierre, 4

—

1887

Malgré nos habitudes de silence nous avons pensé que nos parents et nos amis feraient bon accueil à ces pieux souvenirs de famille.....

Le Marquis DE LA GARDE,

*Château de Beuzon, près Angers
(Maine-et-Loire).*

ALLOCUTION DE M. L'ABBÉ SIBON

CURÉ DE SAINT-JOSEPH DE PARIS

POUR LA

PRISE D'HABIT DE MLLE ÉLISABETH DE LA GARDE

AU COUVENT

DES FIDÈLES COMPAGNES DE JÉSUS

A PARIS, RUE DE LA SANTÉ, 63

Le 23 mai de l'année 1887

> *Hæc dies quam fecit Dominus,*
> *exultemus et lætemur in eâ.*
> « Voici le jour que le Seigneur a
> « fait, célébrons-le dans les trans-
> « ports d'une sainte allégresse. »
>
> (Ps. cxvii, v. 24.)

MA CHÈRE ENFANT,

En prononçant ces paroles de nos Livres Sacrés, je crois être l'interprète des sentiments de votre âme, heureuse et reconnaissante, dès le commencement de cette pieuse cérémonie, qui va faire de vous la jeune fiancée du Sauveur. — Depuis quelques années, touchée de la grâce divine, émue à la vue des bienfaits du Souverain Maître, vous partagiez l'espèce d'embarras qui préoccupait le Roi David, quand il s'écriait : *Quid retribuam Domino, pro omnibus quæ retribuit mihi ?* Que rendrai-je au Seigneur pour tout le bien que j'en ai reçu ?...

En effet, dès les premiers jours de votre enfance, instruite des vérités de la religion, éclairée par l'éducation de la famille ; et plus tard, par les soins intelligents donnés avec tant de zèle dans cet asile de la science et de la vertu, vous avez compris la sollicitude de la Providence envers vous, et vous avez senti l'attrait de la grâce, qui invite les âmes généreuses, à la reconnaissance poussée jusqu'au sacrifice ! — Vous avez dit au fond de votre cœur : « Dieu m'appelle, « je veux me donner à lui par la vie religieuse, « rien ne m'empêchera de me consacrer à son « service. » Et après de mûres réflexions, que vous aimiez à manifester à votre Directeur et à vos Supérieures, dans des lettres touchantes : — après des confidences intimes, au plus ancien ami, des bons et des mauvais jours, sous les ombrages du château de Sautonne, qui a vu naître votre mère [1], et tous ses enfants ; et dans la chapelle funèbre de Beuzon, où reposent en paix vos chers et regrettés défunts, vous avez obtenu le consentement de votre père ; vous avez tout quitté, pour venir en ce saint lieu, loin des

[1] Isabelle de La Haye, comtesse de La Garde.

agitations mondaines, pour méditer plus à l'aise sur la grandeur des bienfaits de Dieu, et sur le besoin d'y répondre par un amour ardent et une profonde gratitude !

La reconnaissance, ma chère enfant, est le cachet des cœurs distingués ; je vous félicite d'en posséder les belles inspirations, et je ne suis pas surpris de vous voir si empressée à venir devant cette digne assemblée, pour vous offrir au Seigneur, *sans retour et sans partage !* — Je sens que vous serez du petit nombre des âmes d'élite dont Notre Divin Maître, soutenait les efforts et le courage dans l'œuvre de leur sanctification, en leur disant : « Je vous déclare que vous recevrez « le centuple de ce que vous aurez fait pour moi ; « et en plus, la vie éternelle : *Centuplum acci-* « *pietis et vitam æternam possidebitis !... »*

Par une grâce bien précieuse, dans les tristes temps que nous traversons, vous êtes née dans une famille aussi noble que chrétienne, où vous avez trouvé les plus beaux exemples de l'honneur, de la délicatesse et de la foi ; — à peine entrée en ce monde, on vous portait sur les Fonts Sacrés du Baptême, pour laver votre âme, de la tache originelle, pour vous faire enfant de Dieu, de l'Église et l'héritière du Ciel. — Votre père [1]

---

[1] Le comte Alphonse de La Garde, devenu marquis par la mort du chef de la branche aînée.

d'une voix émue, disait : Cette enfant s'appellera Elisabeth ; c'est le nom de ma mère [1], qui a été pour tous un parfait modèle, au milieu des joies et des afflictions de cette vie ! — Ce nom vénéré devait vous protéger, et vous montrer le chemin suivi par les grandes âmes ; car vous savez que sainte Elisabeth, reine de Hongrie, après avoir méprisé les splendeurs de son palais, a eu le courage de les abandonner, pour servir Dieu plus généreusement, dans la pratique de la pénitence, et des conseils évangéliques ; et qu'ainsi, elle devint la gloire et la protectrice du Tiers-Ordre de Saint-François. — Votre nom choisi par votre père, a donc été pour vous d'un heureux présage pour l'avenir, et comme la nuée lumineuse, qui conduisait autrefois le peuple d'Israël, au milieu de toutes les difficultés qu'il rencontrait au désert. — Ce nom béni a excité en vous de saintes inspirations, et a incliné votre âme vers la paix du sanctuaire.

Reconnaissez que votre vocation est aussi le fruit des grâces reçues depuis votre enfance, quand avec vos frères et sœurs, comme de jeunes plants d'oliviers vous grandissiez sous le regard de vos parents ; — alors vous possédiez votre mère, l'ange vigilant de l'intérieur ; elle vous

[1] Elisabeth de Beaumont d'Antichamp, fille du général comte de Beaumont d'Antichamp, comtesse de La Garde.

entourait tous des plus tendres soins, et n'épargnait rien pour votre santé, pour le développement de votre intelligence, et pour la formation de votre cœur : hélas ! elle a été trop tôt enlevée aux doux épanchements de votre amour filial ; mais elle vous aime toujours, elle veille encore sur ses chers orphelins ; il me semble l'entendre, en ce moment si solennel pour vous, ouvrir sur votre tête les portes de l'éternité et vous dire :

« Ma fille, je t'ai légué mon dévouement pour
« ton père ; — je t'ai laissé la mission de me
« remplacer près de lui ; Dieu t'a donné un rôle
« plus élevé en t'appelant à la vie religieuse ;
« mais n'oublie pas que rien ne doit être changé
« dans ton amour ; je pense, que du port assuré,
« qui va abriter ton âme contre le vent et la
« tempête, tu prieras pour lui avec ferveur ; tu
« feras descendre dans son cœur ulcéré par des
« peines, dont tu ne connais pas l'étendue,
« la rosée bienfaisante de la grâce, pour qu'il
« puisse supporter avec patience l'amertume de
« ses épreuves ; tu attireras sur le toit que tu
« quittes les bénédictions célestes, et tu prouveras
« à ton père, à ton frère et à tes sœurs, que la
« vocation sainte, qui fait abandonner les jouis-
« sances terrestres pour glorifier Dieu, ne rend
« la véritable épouse de Jésus-Christ que plus
« sensible et plus fidèle aux sentiments élevés de
« la nature !... »

Voyez, mon enfant, combien Dieu se plaît à rendre pour vous moins rude le chemin de la vie : — dans sa paternelle sollicitude, il a inspiré à vos chères Supérieures la délicate pensée de vous désigner pour la cérémonie qui nous rassemble, cette même chapelle, où vous avez savouré les joies si pures de votre première communion ; sans doute, pour en raviver les délices et vous rappeler ces suaves émotions, qui nous révèlent sur la terre quelque chose du bonheur qui nous est réservé aux cieux. Souvenez-vous que dans les desseins de la Providence, chacune des grâces que nous recevons avec les dispositions nécessaires, devient le prélude de grâces nouvelles, vous en faites aujourd'hui l'expérience : puissiez-vous la continuer toujours !... Nous retrouvons ici le parfum de la première visite du Sauveur, qui, il y a quelques années, devant nous, vous invitait avec *ce même vêtement d'innocence, à vous approcher de la Table Sainte* dans le même sanctuaire et sollicitait votre âme aux plus généreuses inspirations, et peu après, accordait les mêmes faveurs à vos jeunes sœurs, heureuses de marcher sur vos traces, et d'en laisser comme vous le touchant souvenir à cette pieuse maison. — Elles sont là, avec votre père [1], votre oncle [2], vos parents et ce prêtre distingué, ami de

[1] Le marquis de La Garde.
[2] Le vicomte Lionel de La Haye.

la famille, venu d'Angers pour louer Dieu avec nous, et implorer le secours du Ciel sur votre vocation [1].

Nous pouvons dire que ceux qui sont présents à ce touchant spectacle, nous rappellent les qualités de ceux qui ne sont plus, mais dont les noms justement respectés, redisent les grandes traditions qui vous honorent et vous encouragent dans la voie sainte qui s'ouvre devant vous !

Votre mère fixe sur sa fille ses yeux pleins de tendresse, en vous bénissant ; vos grand'mères [2], si graves, si charitables, si douces, si patientes dans les épreuves, vous ont donné de saints exemples ; vos grands-pères [3], si fidèles à leurs convictions politiques et religieuses, ont bravé le respect humain, illustré leur blason à la cour des rois, en défendant par la diplomatie et la valeur des armes, les intérêts de la Patrie ; ou se sont sacrifiés noblement dans les héroïques combats de la Vendée [4], pour soutenir le trône, et sauver les autels.

En parcourant les archives de vos ancêtres,

[1] M. l'abbé Pasquier, supérieur de l'Ecole Saint-Aubin d'Angers.

[2] Mme la comtesse de La Garde, née de Beaumont d'Antichamp, Mme la vicomtesse Amédée de La Haye, née d'Abbadie.

[3] M. le général comte de La Garde, pair de France et ambassadeur de Louis XVIII, à Madrid ; le vicomte Amédée de La Haye.

[4] Le célèbre général Vendéen, Charles d'Antichamp, né au château d'Angers, le 8 août 1770.

si je rencontre à l'époque des guerres de religion
le farouche baron des Adrets [1], j'y trouve dans
les siècles antérieurs la noble figure d'Amblard
de Beaumont [2], à qui la France doit la réunion
du Dauphiné ; je constate que vous ne possédez
pas seulement des gloires militaires, mais aussi
des célébrités ecclésiastiques et religieuses, et je
vois que, par une remarquable coïncidence, vous
êtes appelée à vous consacrer au service de Dieu
dans cette grande ville de Paris, dont Mgr Christophe de Beaumont, également de votre famille [3],
illustra le siège archiépiscopal, par ses éminentes
vertus. Son confesseur, prêtre éclairé, autant que
modeste, disait : « Notre archevêque a une âme
« grande, forte, un jugement exquis, droit, et
« une si profonde piété, que lorsque j'allais le
« trouver dans ses jours de recueillement à la
« *Trappe*, il me semblait voir le grand Athanase
« au milieu des solitaires d'Égypte, les édifiant
« par son *silence* et sa *mortification*. » Enfin, je
peux vous montrer que Dieu n'a rien négligé
pour éclairer votre esprit et toucher votre cœur,
pour diriger votre conduite, dans l'accomplissement des devoirs de votre vocation ; tout ce
que je viens de retracer devant vous, vous permet

---

¹ François de Beaumont, baron des Adrets.
² Amblard de Beaumont, au XIVe siècle.
³ Mgr Christophe de Beaumont, archevêque de Paris.

de dire cette parole de la Divine Écriture : *Filii sanctorum sumus* : Nous sommes les descendants des serviteurs de Dieu ; — et je dois ajouter, que même pour la vie que vous choisissez en ce jour, vous trouvez un parfait modèle chez les vôtres ; — je veux citer les vertus de la bienheureuse Jeanne de Bayle d'Aspremont [1], qui voulut fonder au xve siècle la première maison de l'Ordre des Clarisses, à Grenoble, où l'on conserve avec la plus grande vénération, la tête de cette grande servante de Dieu, que le Ciel a glorifiée par plusieurs miracles.

C'est donc à juste titre, que je dois vous rappeler la parole du Divin Maître : *Il sera beaucoup demandé à celui qui aura beaucoup reçu !* — La reconnaissance, je le sais, a fait naître votre vocation ; je demande à l'Esprit Saint, de vous aider à répondre fidèlement aux sérieux engagements que vous allez contracter.

L'immolation de soi-même, est le fond, l'essence du Christianisme ; c'est le premier besoin de l'âme vaillante éclairée par la foi, et qui veut être toute à Dieu ; votre petite sœur Jeanne, malgré ses douze ans [2], avait déjà le sentiment de cette vérité ; entre deux crises d'affreuses dou-

---

[1] Sainte religieuse, l'honneur et la protectrice de la famille dans le Dauphiné.

[2] Jeanne de La Garde, sœur de Mlle Elisabeth de La Garde, la nouvelle religieuse.

leurs, elle disait sur son lit de mort, à son père qui près d'elle versait des larmes : « *Il faut bien* « *souffrir sur la terre pour être heureux au* « *Ciel !... »* — Sainte Thérèse aurait voulu le martyre, pour prouver à Dieu la vivacité de son amour, et sans cesse elle redisait : « Du moins, « pour vous, Seigneur, ou souffrir, ou mourir : « *aut pati, aut mori !... »* — Et saint Bernard, animé des mêmes désirs, et voulant les communiquer à ses religieux, leur répétait souvent ces paroles : « Comment pourrions-nous être des « membres faibles et délicats sous un chef cou-« ronné d'épines ! » — Et j'ajouterai encore : La sainte Vierge, que votre bonne Supérieure appelle la première Maîtresse de cette maison, dès ses plus jeunes années, nous donne surtout les plus grands exemples d'un amour généreux, constant et fidèle, depuis les parvis sacrés du Temple de Jérusalem, qui protégeaient son enfance, jusqu'au sommet du Calvaire, où son âme a été percée du glaive de douleur, prédit à l'avance, par le saint vieillard Siméon.

Vous aussi, mon enfant, vous avez soif du sacrifice, vous venez ici, comme autrefois Samuel dans la demeure d'Isaïe en disant : *Veni ad immolandum Domino* : Je suis venue pour offrir un sacrifice au Seigneur ! — Ce sera le sacrifice de la cupidité humaine, par le *vœu de pauvreté;* le sacrifice de la sensualité, par le *vœu de chas-*

teté ; le sacrifice de l'orgueil et de l'esprit de révolte, par le vœu de soumission *et d'obéissance.* — Plaise à Dieu, de bénir votre courage, et les pieux désirs de votre âme ; — puissiez-vous redire avec saint Paul, tout en reconnaissant votre néant : « Seigneur, je le confesse, je ne « peux rien par moi-même ; mais je sens que je « peux tout, en celui qui me fortifie : *Omnia « possum, in eo qui me confortat...* » Étudions un instant les enseignements du Divin Maître, à ceux qui ont résolu de marcher à sa suite, dans les sentiers difficiles de la perfection : d'abord, il faut se détacher de tout, selon cette parole : « Celui qui ne renonce pas à ce qu'il posssède, « au moins par le cœur, celui-là ne peut pas être « mon disciple : *Qui non renuntiat omnibus « quæ possidet, non potest meus esse disci- « pulus.* » Puis, joignant l'exemple aux pré- ceptes, Jésus veut pour *premier lit* une *humble crèche* avec un peu de paille, et pour *dernier lit,* une *croix grossière,* qu'il arrose de son sang ; afin d'éviter toute erreur sur le sens de sa pensée, il daigne détailler comment il pratique lui-même la pauvreté, et nous dit : « L'oiseau a son nid « pour garder ses petits, le renard a sa tanière « pour se garantir des traits du chasseur ; mais « le Fils de Dieu n'a pas une pierre pour reposer « sa tête. » — Cependant nous n'ignorons pas qu'il a créé l'univers, qu'il étend son souverain domaine sur tout ce qui existe ; — mais il veut nous faire comprendre la beauté du détachement chrétien, et c'est pourquoi vos supérieures vous demanderont de faire le *vœu de pauvreté*, premier principe de la *vie religieuse*, qui est fondée sur le mépris des richesses périssables de ce monde, pour obtenir plus sûrement les trésors de l'éternité !

Au sacrifice des biens de la terre, vous joindrez, mon enfant, celui des sens, par le *vœu de chasteté*, afin, que victorieuse des instincts mauvais de la nature, vous puissiez captiver l'amour du Roi des Rois, qui aime l'innocence, et veut vous choisir pour *épouse ;* — cette vertu angélique, est si chère à Notre-Seigneur, qu'il a voulu pour Mère, la plus pure des Vierges, pour gardien de son enfance, saint Joseph, le chaste époux de Marie, pour disciple bien-aimé, saint Jean, modèle de continence ; — l'Évangile nous montre la sympathie du Sauveur pour les petits enfants naïfs, innocents, et nous rappelle cette parole du sermon sur la montagne : Bienheureux les cœurs purs, car ils auront le privilège de voir Dieu : *Beati mundo corde ; quoniam ipsi Deum videbunt.* — Vous savez que l'ancienne loi exigeait déjà la pureté, chez ceux qui exerçaient des fonctions dans le sanctuaire, et les prévenait qu'ils avaient à se purifier avant de porter les vases du Seigneur : *Mundamini, qui fertis vasa*

Domini ! — L'Église, à plus forte raison, impose la même obligation à ses ministres, et à ceux qui se consacrent au service de Dieu ; — elle nous enseigne avec l'Apôtre, dans un langage mystique, que les élus dans le Ciel seront vêtus de blanc, image de la pureté conservée ou reconquise par la pénitence ; et que les *vierges seules* seront admises à semer les lis et les roses, sur les pas de l'Agneau triomphant ! — Vous devez donc être saintement fière de vous attacher intimement au cœur du Divin Époux, par la chaîne d'or de la virginité...

Enfin, en déplorant cet injuste penchant de rébellion que la créature a contre le Créateur, vous ferez dans un esprit de réparation et d'amour, le *vœu d'obéissance ;* vous souvenant qu'il est écrit dans nos Saints Livres : que l'homme qui sait faire le sacrifice de sa volonté, pourra raconter ses victoires sur lui-même : *Vir obediens, loquetur victorias.* — Toute société a besoin d'être sauvegardée par des lois, qui la régissent et la protègent, et toute communauté est soumise à un règlement, dont l'observation est indispensable à son existence et à ses succès. — Le grand docteur, saint Grégoire de Nazianze, était si pénétré de cette vérité, qu'il ne craignait pas d'affirmer : que celui qui vit d'une règle dictée par la sagesse, celui-là vit de Dieu : *Qui ex Regula vivit, ex Deo vivit.* — Le but de

Notre-Seigneur, en venant au milieu de nous,
est principalement de réparer la gloire outragée
de son Père, par la révolte des anges déchus,
et la désobéissance insensée des hommes; c'est
pourquoi, en prenant la nature humaine, il
s'écrie : « *Ecce venio, Pater, ut faciam volun-*
« *tatem tuam :* O mon Père! si je viens sur la
« terre, c'est pour me soumettre à votre volonté
« et apprendre aux hommes à en faire autant. »
— Pendant les trente ans de sa vie cachée à
Nazareth, toutes ses actions se résument dans
ces mots, qui exaltent l'obéissance : *Erat sub-*
ditus illis : Il était soumis à Marie et à Joseph.
— Plus tard, au Jardin des Olives, tandis que
dans son agonie il succombait sous le poids de
l'ingratitude des hommes et de la justice de son
Père, il dit simplement : *Non mea, sed tua vo-*
luntas fiat : Non, pas ma volonté, mais la
vôtre, ô mon Père! — Telle doit être la dispo-
sition de votre âme, mon enfant, en demandant à
entrer dans la vie religieuse, et saint Paul veut
vous apprendre la constance et l'énergie que vous
devez apporter dans votre sacrifice, et plaçant
devant vous votre modèle, il vous dit : « Le Christ
« Sauveur s'est fait pour nous obéissant jusqu'à
« la mort, et même jusqu'à la mort humiliante
« et cruelle de la croix : *Christus factus est pro*
« *nobis obediens usque ad mortem, mortem*
« *autem crucis!* »

Après cet exposé des devoirs et des obligations de votre nouvelle vie, vous allez recevoir la *robe de bure* des mains de Monsieur l'Archidiacre de Notre-Dame [1], le digne représentant de l'autorité diocésaine, qui a bien voulu au nom de Monseigneur l'Archevêque de Paris, s'arracher à ses nombreuses occupations pour venir ici dire la messe, et présider cette belle et pieuse cérémonie ; votre père, vos parents, vos amis, vos anciennes compagnes, vous regardent avec émotion, et la communauté toute entière, se réjouit de posséder une Sœur de plus. — L'humble et savant religieux [2] qui a préparé votre âme à ce grand jour, est près de vous, c'est lui qui est chargé de l'éducation spirituelle des élèves de cette maison, et qui leur inspire les vertus du séraphique saint François d'Assise ; vous savez ce que vous devez à son zèle, il sait ce qu'il peut espérer de votre foi et de votre généreuse persévérance ; avec lui, nous prions tous pour vous !...

Levez-vous, jeune fiancée du Seigneur, venez redire devant la foule attentive, cette parole des Divines Écritures : *Veni ad immolandum* : Oui c'est librement que je viens offrir mon sacrifice ; la joie de mon cœur éclate sur mon visage ; c'est

---

[1] M. l'abbé Henri Caron, archidiacre, vicaire général de Paris.

[2] Le R. P. Stanislas, de l'ordre des Capucins, Père gardien de la maison de Paris.

sans regret que je quitte tout ce qui m'était cher, je suis éprise de l'*amour de Dieu !*...

En vous voyant dans ces saintes dispositions, notre souvenir se reporte à cette page touchante de l'histoire de l'Église, qui nous raconte le glorieux martyre du jeune Symphorien, exhorté par sa mère, du haut des remparts de la ville d'Autun : « Mon fils, lui disait-elle, pensez à « Dieu, armez-vous de courage, ne craignez pas « un sacrifice qui mène à un bonheur sans fin ! »

Je crois entendre votre mère si chrétienne, vous dire aussi du haut du Ciel : « Courage ! Elisabeth ! « par ton généreux sacrifice, par la communion « des saints, tu seras la consolation, l'honneur et « la joie de ton père, que j'ai laissé dans la dou- « leur ! » — Puis, il me semble, que d'autres voix qui ne nous sont pas étrangères, s'adressent à vous pour vous féliciter. Je reconnais celle de votre aimable frère Henri, enlevé subitement à notre affection, malgré ses dix-neuf ans ; celle de votre sœur Jeanne, qui était le charme et la vie du foyer ; celle du gracieux Gaston, qui donnait de si belles espérances ; celle d'Amélie, dont la douce image est le principal ornement de la chapelle de Beuzon ; celles de ces petits anges, qui n'ont vu leur famille de la terre, que pour aller la représenter aux cieux !... Ces voix s'unissent pour vous dire : « Elisabeth, nous par- « tageons tes transports d'allégresse et de recon-

« naissance, partage aussi nos prières inces-
« santes, pour que Dieu bénisse et console le
« cœur attristé de notre père ! »

Chère enfant, comme la fondatrice du pieux
Institut qui vous reçoit dans son sein, aimez
toujours le silence, l'humilité, la patience et
l'abnégation, comme cette âme d'élite, vivez de
la vie intérieure, qui redoute le tumulte du
monde, pour être plus unie au Sauveur, dont
vous devez être l'épouse dévouée et la fidèle com-
pagne ; comme Mme d'Houet, de sainte mémoire,
résumez vos prières, à ce peu de mots de saint
Augustin, qui renferment un sens profond : *Noverim te, Domine, noverim me* : Faites, Seigneur,
que je vous connaisse avec vos grandeurs, vos
perfections infinies, dont la méditation dilate
l'esprit, et captive le cœur ; faites que je me connaisse, avec ma misère, ma faiblesse, mes ténè-
bres, pour que je me plaise à m'anéantir devant
votre souveraine majesté !...

Enfin, avec une respectueuse déférence pour
l'autorité paternelle, inclinez-vous, en disant :
« Adieu, mon père ! bénissez votre fille, qui se
consacre à son Divin Époux. Vous le savez ;
comme le prophète royal, j'ai demandé une seule
chose et je la recherchais avec empressement ;
c'est d'habiter tous les jours de ma vie dans la
maison du Seigneur : *Unam petii a Domino ;
hanc requiram, ut inhabitem in domo Domini*

omnibus diebus vitæ meæ! (Ps. XXVI. v. 4.) Mes
vœux sont exaucés ; je renonce aux espérances
du monde, et je prends Dieu pour la portion de
mon héritage ; il sera ma seule richesse, ma
gloire ; il fera tout mon bonheur ! — Que mon
frère [1], que mes sœurs [2], me remplacent près de
vous, qu'ils comblent, par les attentions de l'amour
filial, les vides trop nombreux que la mort a faits
dans notre famille ; qu'ils soient la consolation,
la vie, la joie de votre intérieur, et plus tard la
gloire de vos vieux jours ; croyez, que de sa soli-
tude, votre humble Elisabeth, sera aussi avec
eux, près de son père, par la pensée, par la prière
et par le cœur... »

Terminons, chère enfant, cette série de conseils
et d'épanchements sérieux, inspirés par la plus
ardente charité : je me reprocherais de retarder
davantage l'accomplissement de vos désirs. —
En face du tabernacle de votre première communion, longtemps témoin des saintes aspira-
tions de votre âme, donnez-vous sans réserve à
Dieu, qui vous a créée, rachetée, sanctifiée, et
souvenez-vous toujours de cette parole d'encou-
ragement et d'espérance, qui nous vient des
échos du Ciel :

« Soyez fidèle jusqu'à la mort, et je déposerai

[1] M. le comte Auguste de La Garde.
[2] Mlles Marie, Françoise et Madeleine de La Garde

« sur votre tête la couronne de la vie éternelle :
« *Esto fidelis usque ad mortem, et dabo tibi*
« *coronam vitæ !* » — C'est ce que je vous
souhaite, en souvenir de ma sacerdotale et vieille
affection : Au nom du Père, du Fils et du Saint-
Esprit !

AINSI SOIT-IL !

Angers, imprimerie Lachèse et Dolbeau, Chaussée Saint-Pierre, 4.